Collection de Madame la Vicomtesse de C.

CATALOGUE

D'UNE COLLECTION REMARQUABLE

de Monnaies du Brésil, de Goa et de Diu

**de quelques médailles du Brésil, du Portugal et d'une Série de
monnaies des Indes Néerlandaises et Britanniques,
de Syrie et de Parthie**

provenant d'un amateur distingué à Paris,

DONT LA VENTE AURA LIEU

le 5 et 6 Octobre 1896

A AMSTERDAM

dans la salle au premier de l'Hôtel Krasnapolsky

Warmoesstraat 175-183.

Sous la direction de l'expert J. SCHULMAN à Amersfoort.

Avec 1 planche.

Les collections de monnaies du Brésil, ainsi que celles de Goa et de Diu sont sans contredit les plus remarquables livrées aux enchères publiques depuis la vente Fonrobert.

On trouve dedans des pièces des plus rares, quelques unes des plus intéressantes sont réproduites sur la planche.

Il y a. d'autres comme les nᵒˢ. 1, 2 et 3 les obsidionales frappées par les Hollandais à Pernambuco, qui sont de la plus haute rareté ; énumérer toutes les raretés cela serait presque refaire le Catalogue.

Toutes les monnaies sont garanties authentiques; la conservation est indiquée soigneusement par t. b. c. très bien conservé, b. c, bien conservé et a. b. c. assez bien conservé, tandis que F. d. C. fleur de coin et Beau, indiquent des qualités supérieures

Collection de Mᵐᵉ la Vicomtesse de C.

MONNAIES DU BRÉSIL.

*Citations d'après Jules Meili, die Münzen der Colonie
Brazilien 1645—1822.*

I. MONNAIES DE NÉCESSITÉ FR. PAR LES HOLLANDAIS à PERNAMBUCO.

1 1646. Obsidionale de *VI Florins*. Monogramme de la compagnie Hollandaise pour les Indes occidentales, surmonté de VI. — Rev. ANNO-BRASIL 1646. van Loon II éd. franç 283 éd. holl. 293 n. 2. Mailliet pl. XVIII. n. 2. Meili pl. I, n. 2. Or. Extrêmement rare et belle.
Exemplaire de la Collection Völcker n. 2087.

2 1646. Obsidionale de *III Florins*. Même monogr. surmonté de III. Rev. ANNO BRASIL 1646. van Loon II éd. fr. 283, éd. holl. 293 n. 3. Mailliet pl. XVIII, 3. Meili pl. I. n. 4. Or. Extrêmement rare, belle.
Exemplaire de la collection Völcker n. 2092.

3 1654. Obsidionale de *XII Sols*. Même monogr. dessus XII, dessous 1654. van Loon II éd. fr: 369 éd. holl. 381 n. 1. Mailliet pl. XVIII, 6. Meili pl. I, n. 5. Ar. Extrêmement rare et belle.
Exemplaire de la collection Völcker n. 2089.

II. MONNAIES COLONIALES PORTUGAISES.

D. Pedro II 1695—1706.

4 1699. *Moeda colonial* (4000 reis) fr. à **Rio.** PETRVS II. D. G. PORTVG. REX. Ecusson couronné accosté de 4000.—. Rev. ET BRASILIAE DOMINVS. 1699. Meili pl, IV, 15. Or. gr. 8. t.b.c.

5 1699. *Quart de Moeda* (1000 reis) même type. Meili pl. IV. 17. Or. gr. 2, trou rebouché, t.b.c.

6 1695. *Double Pataca* colonial (640 reis) fr. à **Bahia.** Ecusson couronné de Portugal entre 16—95 et accosté de 640. Rev. Le sphère sur une croix de l'ordre du Christ. SVBQ—SIGN—NATA—STABIT. Meili pl. III, 9. Ar. b.c.

7   1697. Même pièce, surfrappée sur le double pataca de 1696. Meili
     pl. III, 9. Ar. b.c.

8   1701. Même pièce, fr. à **Pernambuco.** P. sur le sphère. Meili
     pl. V, 23. Ar. t.b.c.

9   1696. *Pataca* (320 reis) fr. à **Bahia.** Meili pl. III, 10. Ar. b.c.

10   1701. Même pièce, fr. à **Pernambuco.** Meili pl. V, 25 avec BRAS
     D. Ar. b.c.

11   1699. *Meio Pataca* (160 reis) fr. à **Rio.** Meili pl. IV, 20. Ar. t.b.c.

12   1701. Même pièce, fr. à **Pernambuco.** pl. V, 27. trouée. Ar. a.b.c.

13   *Quatro Vintems,* (80 reis), fr. à **Rio.** Meili pl. IV, 21. Ar. a.b.c.

14   *Dos Vintems,* (40 reis) fr. à **Bahia.** Meili pl. III, 13. Ar. troué. b.c.

15   1694. *Vintem* fr. à **Porto.** PETRVS . II . D . G . PORTVG . R . D .
     ÆTHIOP. Ecusson couronné. Rev. MODERATO SPLENDEAT
     VSV. 1694. XX dans un cartouche, cantonné de quatre P. Meili
     pl. VI, 29. Ae. a.b.c.

16   1698. Même pièce, contremarquée. Meili pl. VI, 30. Ae. b.c.

17   1699. Même pièce, contremarquée. Ae. b.c.

18   Même pièce, sans contremarque. Ae. t.b.c.

19   1699. *Dez reis* fr. à **Porto.** Même type seulement X dans le cartou-
     che. Meili. pl. VI, 31. Ae. a.b.c.

20   **D. Joao V,** 1706—1760, *Cruzadinho* national. fr. à Rio. Buste du roi
     avec longue chevelure. Meili pl. IX, 24. Or. gr. 1. Beau.

21   1749 *Double pataca* (640 reis) fr. à Rio, avec R sur le sphère. Meili
     pl. XIII, 48. Ar. t.b.c.

22   1749. Même pièce, module plus petit, fr. pour **Maranhâo.** pl.
     XIII, 54. Ar. t.b.c.

23   1749. *Pataca* (30 reis) fr. à Rio. Meili pl. XIII, 49. Ar. a.b.c.

24   1749. Même pièce, fr. pour **Maranhâo.** pl. XIII, 55. Ar. troué
     mais. t.b.c.

25   1748. *Meio Pataca* (160 reis) fr. à Rio. pl. XIII, 50. Ar. a.b.c.

26   1749. *Quatro Vintems* (80 reis) fr. à Pernambuco pl. XIII, 57.
     Ar. troué, mais t.b.c.

27   1719. *Vintem* colonial fr. à **Lissabon** avec 1719. Meili pl. XII,
     40. Ar. troué. b.c.

28   *Dez reis* au même type. pl. XII, 41. Ae. b.c.

29   1735. *Vintem* avec + 1735 + contremarqué. Meili pl. XII, 42 Ae. t.b.c.

30   1730. *Vintem* fr. à **Bahia,** B sur le sphère. Meili pl. XII, 44.
     Ae. t.b.c.

31   1731. *Dez reis* fr. à **Bahia,** même type. pl. XII, 45. Ae. b.c.

32   1722. *Double Vintem* local (40 reis) fr. à Lisbonne pour **Minas**
     avec AES VSIBVS APTIVS AVRO 1722. Meili pl. XII, 46. Fort
     rare. Ae. t.b.c.

33   1722. Vintem pour **Minas** au même type. pl. XII, 47. Fort rare.
     Ae. t.b.c.

34 **D. José I**, 1751—1777. *Moeda colonial* de 1775 (4000 reis) Meili pl. XVI. 12. Or. F. d. c.

35 1771. *Meio Moeda* colonial (2000 reis) type de n. 4. Meili pl. XVI. 14. Or. gr. 3.8 Beau.

36 1752. Quarto de Moeda (1000 reis) pl. XVI. 16. Or. gr. 2 Beau.

37 1771. Même pièce, module plus petit. pl. XVI. 20. Or. troué. t.b.c.

38 1755. *Double pataca* (643 reis) fr. à Lisbonne. Meili pl. XIX, 34. Ar. t.b.c.

39 1758. Même pièce. fr. à **Bahia.** Meili pl. XVIII. 26. Ar. t.b.c.

40 1751. *Pataca* (320 reis) fr. à **Rio.** Meili pl. XVII. 22. Ar. t.b.c.

41 1773. Même pièce. fr. à **Lisbonne.** pl. XXI. 50. Ar. b.c.

42 1758. *Meia pataca* fr. à **Bahia.** Meili pl. XVIII. 28. Ar. t.b.c.

43 1773. Même pièce fr. à **Lisbonne.** pl. XXI. 51. Ar. troué. t.b.c.

44 1751. *Quatro Vintems* (80 reis) fr. à **Rio.** pl. XVII. 24. Ar. troué. t.b.c.

45 1771. Même pièce fr. à **Lisbonne.** pl. XXI. 32. Ar. belle.

46 1766. *V reis* fr. à **Rio.** Meili pl. XVII. 25. Ae. b.c.

47 1762. *Double Vintem* fr. à **Bahia.** Meili pl. XVIII. 29. Ae. t.b.c.

48 — *Dez reis*. fr. à **Bahia.** pl. XVIII, 32. Contremarqué. Ae. b.c.

49 1766. *Cinco reis* fr. à **Bahia.** pl. XVIII, 33. Ae. t.b.c.

50 1753. *XL reis* coulé à **Lisbonne.** pl. XIX. 37 1753 Ae. t.b.c.

51 1760. Même pièce. frappée à Lisbonne pl. XIX, 37 1760 Ae. t.b.c.

52 1774. Même pièce contremarquée. Ae. b.c.

53 1753. *Vintem* pl. XIX, 38. Ae. t.b.c.

54 — *XL reis* au titre de D. GVINEE fr. à Lisbonne. contremarqué Meili pl. XX, 41. Ae. t.b.c.

55 XX et *X reis* de 1753 et *V reis* de 1757, au même titre pl. XX, 53. 46 et 48. Ae. 3 ps. b.c. et a.b.c.

56 *XX reis* de 1775 pl. XXI. 54 t.b.c., même pièce contremarquée. b.c. Ae. 2 ps.

57 X reis de 1774 avec et sans contremarque et V reis de 1774. 2 var. pl. XXI. 56 et 57. 4 ps. Ae. t.b.c.

58 1758. *600 reis*, grand J couronné. fr. à **Bahia.** Meili pl. XXII. 58. Ar. beau.

Cette pièce et les six numéros suivants, sur lesquels la valeur est de 600, 300, 150 et 75 reis, sont frappés pour les contrées minières, de l'argent des mines et sont presque introuvables aussi complet.

59 1770. *600 reis* fr. à **Rio** contremarqué deux fois. Meili pl. XXIII. 68. Ar. t.b.c.

60 1774. Même pièce. sans contremarque. pl. XXIII. 66. Ar. t.b.c.

61 1754. *300 reis* fr. à **Rio.** Meili pl. XXIII. 69. Ar. t.b.c.

62 1755. Même pièce contremarquée. pl. XXIII. 70. **Ar.** b.c.

63 1755. *75 reis* fr. à **Rio** avec contremarque. pl. XXIII. 72. même pièce sans contremarque mais trouée. 2 ps. **Ar.** t.b.c.

64 1771. *150 reis* fr. à **Rio**, avec contremarque, var. de pl. XXIV, 78. **Ar.** a.b.c.

65 **Maria I et Pedro III** 1777 1786. *Meio Moeda* colonial de 1778. Meili pl. XXVI. 10. troué. **Or.** b.c.

66 1778. *Quart de Moeda.* pl. XXVI, II. **Or.** beau.

67 1783. *Double pataca* de 640 reis fr. à Lisbonne. pl. XXVI, 12. **Ar.** t.b.c.

68 1779. *Pataca*, variété de gravure de pl. XXVI, 13. **Ar.** t.b.c.

69 *160 reis* de 1779 et *80 reis* de 1786 pl. XXVI, 14 et 15. 2 ps. **Ar.** a.b.c.

70 1778. *XL reis* fr. à Lisbonne, pl. XXVII. 16. **Ae.** beau.

71 Même pièce contremarquée à l'écusson et de 1784 contremarquée, de 40 reis. 2 ps. **Ae.** b.c.

72 *Vintem* de 1781 contremarqué et de 1782 sans contremarque pl. XXVII. 17. 2 ps. **Ae.** t.b.c.

73 *Dez reis* de 1778 a.b.c. de 1784 et de 1785 contremarqués. t.b.c. pl. XXVII. 18. 3 ps. **Ae.**

74 Cinco reis de **1781** (2 var.) et de 1782 avec contremarque pl. XXVII. 21. 3 ps. **Ae.** t.b.c.

75 **Dª. Maria I** 1786 -1805. 1000 reis de 1787 (Colonial) pl. XXVIII. 8. **Or.** beau.

76 1787. *640 reis* colonial. fr. à Lisbonne. pl. XXIX. 9. **Ar.** t.b.c.

77 1793. Même pièce. **Ar.** belle.

78 1800. Même pièce fr. à **Rio.** pl. XXXI. 23. **Ar.** t.b.c.

79 1801. Essai en plomb en deux plaques de la pièce de *640 reis* fr. à **Bahia.** Meili pl. XXXI. 26. t.b.c.

80 1804. *640 reis* fr. à **Bahia**, variété de gravure de pl. XXXI. 27 et 28. **Ae.** b.c.

81 1793. *Pataca* (320 reis) fr. à Lisbonne. pl. XXIX, 10. **Ar.** t.b.c.

82 1802. *Pataca* fr. à **Rio.** pl. XXXI. 24. **Ar.** t.b.c.

83 1790. *160 reis* fr. à **Lisbonne.** pl. XXIX. 11. **Ar.** t.b.c.

84 1790. 80 reis fr. à **Lisbonne.** pl. XXIX. 12. **Ar.** b.c.

85 *XL reis* de 1786. même pièce de 1791 contremarquée. pl. XXIX. 13. 2 ps. **Ae.** t.b.c.

86 XX *reis* de 1786. X et V reis de 1786 avec contremarques et V reis de 1786 et 1787 sans contremarques pl. XXIX 14, 15 et 16. 5 ps. **Ae.** t.b.c.

87 XX reis de 1787. pl. XXIX. 14. **Ae.** F. d. C.

88 1799 XL. XX. X *reis*, émission de module et de poids inférieurs, pl. XXX. 17. 20 et 21. 3 ps. **Ae.** b.c.

89 V *reis*, même émission. fr. en essai, pl. XXX. 22. Fort rare. **Ae.** F.d.C.

D. Ioao VI Prince-régent. 1802—1818.

90 1805. *Barrinha* de **Sabara**. Ecusson ornamenté et couronné du Portugal, dessous SABARA: estampé N 301 — , dans un cartouche 1805 et ASD en monogr. dessous TOQVE 23 * * 4 —4— 2 4. Barre quatre onça quatre oitava et vingt quatre gráo. Au revers de l'écusson de Portugal est estampé le sphère du Brésil. Or fin de 23 carats pesant 130 grammes. De la plus haute rareté, manque à Meili. *Voir la gravure pl. I n. 1.*

91 1812 *Moeda d'ouro* de 4000 reis fr. à Rio. Meili pl. XXXII. 6. Or. troué, mais beau.

92 1809 Essai en bronze d'un *Patagon* de 960 reis au titre de BRAS: D: P: REGENS. Meili pl. XXXIII. 7. Rare. F. d. C.

93 1809 *Double Pataca* (640 reis) fr. à **Bahia**. Meili pl. XLI. 47 revers de 46. Ar. t.b.e.

94 1808—10 *Patagon* de 960 reis contremarqué à **Minas**. Sur un Peso du Mexique au buste de Charles IV d'Espagne l'écusson de Portugal entouré de palmes et dessous 960. Rev. Contremarque avec le sphère. Meili pl. XLVIII. 71. Rare. Ar. t.b.e.

95 1811. *Double Pataca* (640 reis) fr. à **Minas**, surfrappé sur un double pataca d'un autre atelier. Meili pl. IL. 74. Rare. Ar. b.e.

96 1811 *Patagon* fr. à **Rio**. R sur le sphère. pl. XXXIV. 10. Ar. t.b.e.

97 --- Même pièce. surfrappée sur un peso hispano—americano, la marque d'atelier invisible. Ar. t.b.e.

98 1814 *Patagon* fr. à Bahia et contremarqué au buste du roi George IV d'Angleterre. Meili pl. XLI. 45. Ar. beau.

99 1814 Même pièce, sans contremarque. pl. XLI. 45. Ar. belle.

100 1813. *Double Pataca* fr. à **Rio** et contremarqué au droit de l'écusson du Portugal. Meili pl. XXXIV. 12 et XXXV. 20. Ar. t.b.e.

101 1816. Même pièce fr. à **Minas**, surfrappe sur un double pataca d'un autre atelier. Meili pl. IL. 75. Rare. Ar. t.b.e.

102 1812. *Pataca* (320 reis) fr. à **Rio**, pl. XXXIV. 13. Ar. t.b.e.

103 1813. *160 reis* fr. à **Rio**, pl. XXXIV. 14. Ar. t.b.e.

104 1816. *80 reis* fr. à **Rio**, pl. XXXIV. 15. Ar. Beau.

105 1802 (première émission de 1802 à 1805 à Lisbonne) XL reis de 1802 et 1803 (2. var) pl. XXXII. 2. Ae. 3 ps. b.e. et t.b.e.

106 XX *reis* de 1802 et V reis de 1805 (2. var) pl. XXXII. 3 et 5. Ae. 3 ps. t.b.e.

107 (Rio) LXXX reis de 1811 t.b.e. XL reis de 1812. XX reis de 1813 (2. var) pl. XXXII 23 et 24. Ae. 4 ps. (2 trouées).

108 (Rio) XL reis de 1817 et XL reis de 1816 contremarqué de 20 et XX reis de 1814 contremarqué de 10. Ae. 3 ps. t.b.e.

109 XL *reis* de 1812 et de 1816 fr. à **Bahia**. Meili pl. XLIII. 54. 2 ps. Ae. t.b.e.

110 XX *reis* de 1812 et X reis de 1816 fr. à Bahia pl. XLIII. 57 et 59. 2 ps. Ae. t.b.e.

111   1818 *LXXX reis* fr. à **Rio** pour **Goyaz** et **Mato Grosso**, contremarqué de *20*. Meili pl. L n. 79. Beau et rare.

112   **D. Ioao VI** comme roi. 1818—1822. *Patagon* fr. à **Rio** en 1819, nouveau type 960—1819 · R entouré de laurier, le tout sous une couronne. Meili pl. LI, 3. Ar. Beau.

113   1820. Même pièce, surfrappée sur un peso espagnol. pl. LI. 3. Ar. t.b.c.

114   1821. *Double pataca* (640 reis) même type fr. à Rio. pl. LI, 4. Ar. Beau.

115   1821. Même pièce, fr. à **Bahia.** pl. LIV. 22. Rare. Ar. t.b.c.

116   1818. *Pataca* (320 reis) même type fr. à **Rio.** pl. LI, 5. Ar. t.b.c.

117   1820. Même pièce, pl. LI. 5. Ar. t.b.c.

118   1818. *160 reis* fr. á **Rio.** pl. LI. 6. Ar. troué. t.b.c.

119   1818. *80 reis* fr. à **Rio.** pl. LI. 7. Ar. troué. b.c.

120   1821. *LXXX reis* fr. à **Rio** et même pièce avec TX. Meili pl. LII, 8. Ae. 2 ps. t.b.c.

121   1820. *LXXX reis* fr. à **Bahia** contremarqué. O dans un carré. Meili pl. LV, 27. Ae. t.b.c.

122   1821. *LXXX reis* fr. à **Bahia.** Meili pl. LV. 26. Mm. 40. Ae. t.b.c.

123   1821. Même pièce, les caractères plus petites † 1821 † — ⟩. B ⟨ Mm. 38. contremarquée d'O dans un carré, manque à Meili. Ae. t.b.c.

124   1822. Même pièce et même contremarque. Meili pl. LV. 27. Ae. t.b.c.

125   *XL reis* de 1819. 1821 et 1822 fr. à **Rio.** pl. LII. 10. Ae. 4 ps. belles.

126   XL. reis de 1820. Meili pl. LV. 29 fr. à **Bahia** et même pièce, variété avec † 1820 † avec . B . Ae. 2 ps. t.b.c.

127   1823. Même pièce, avec † 1823 † - - † B † manque à Meili. Ae. t.b.c.

128   XX *reis* de *Rio* de 1819. 1820 (2 pièces dont une contremarquée de 10) 1821 et 1822 pl. LII. 13. 5 ps. Ae. belles.

129   X *reis* de *Rio* 1819, 1820. 1821 (2 var.) et 1822. 5 ps. Ae. t.b.c.

130   X *reis* de 1823 fr. à **Bahia.** pl. LV. 32. Ae. a.b.c.

131   1820. *80 reis*. 80 —— 1820. fr. à Rio pour **Moçambique. San Thomé** et **Principe.** Meili pl. LIII. 15. Fort rare. Ae. Beau.

132   1820. *40 reis* au même type, même émission pl. LIII. 16. Fort rare. Ae. t.b.c.

133   1821. Même pièce, 2 variétés pl. LIII. 16. Fort rare. Ae. 2 ps. belles.

134   1820. *20 reis*, même émission pl. LIII. 18. Fort rare. Ae. beau.

135   1818. *75 reis*, fr. à **Minas** pour la contrée minière. Meili pl. LVII, 38. Extrêmement rare. Ae. Beau.

136   1821. *$37^{1}/_{2}$ reis* fr. à **Minas** pour la contrée minière. Meili pl. LVII. 40. Extrêmement rare. Ae. Beau.

137   1820. *LXXX reis* pour **Goyaz** et **Mato Grosso.** Meili pl. LVIII, 41. Rare. Ae. t.b.c.

138   1820. *XL reis*, même émission. pl. LVIII. 44. Rare. Ae. t.b.c.

III. EMPIRE DU BRÉSIL.

*Citations d'après Jules Meili. Die Münzen des Kaiserreichs
Brasilien. 1822 - 1889.*

139 **D. Pedro I.** 1822 -1731. Essai en bronze d'un *Moeda* de 4000 reis
de 1823 fr. à **Rio.** Meili pl. II. 6. Extr. rare. b.c.

140 1826. *Moeda de 4000 reis* fr. à **Rio.** pl. II. 6. Or. F.d.c.

141 1824. *Patagon* (960 reis) fr. à **Bahia.** Meili. pl. V. 30. Rare.
Ar. t.b.c.

142 1826. *Patagon* fr. à **Rio.** pl. II. 7. Ar. t.b.c.

143 1824. *Double patuca* (640 reis) fr. à **Rio.** Meili pl. III. 9. Ar. t.b.c.

144 1825. *Patuca* (320 reis) fr. à **Rio.** Meili pl. III. 11. Ar. Beau.

145 1825. *160 reis* fr. à **Rio.** pl. III. 13. Ar. b.c.

146 1827. *80 reis* frappé en essai. Ecusson couronné de l'Empire du
Brésil entouré de branches de palmier et de laurier IN . HOC .
SIGNO . VINCES. Rev. de Meili pl. III. 15 sans marque d'atelier
† 1827 † manque à Meili. Br. F.d.c. *Voir la gravure pl. I, n. 2.*

147 1827. *80 reis* fr. à *Rio.* Meili pl. III. 15. 2 var. Ae. Belles.

148 1828. *80 reis* (Rio) mêmes pièces de 1828 et 1829 contremarquées
de 40. pl. III 15 et 17. 3 ps. Ae. b.c.

149 1831. *80 reis* Rio, variété de gravure Mm. 38. Ae. Beau.

150 *40 reis* de 1824. 1825. 1826 et 1827 fr. à Rio. mêmes pièces de
1824 et 1827 contremarquées de 20. pl. IV. 18. 19 et 20. 6 ps.
Ae. t.b.c.

151 *40 reis* de 1824, 2 variétés dont une avec hachure. de 1826. 1827
avec hachure et de 1830. 5 ps. Ae. t.b.c.

152 *20 reis* de 1824 (2 var). 1825. 1828. 1829 et 1830. fr. à Rio. mêmes
pièces de 1825 et 1829 (troué) contremarquées de 10. pl. IV. 22 et
23. 8 pièces dont 6 t.b.c.

153 1824. *10 reis* fr. à Rio. pl. IV. 24. Ae. t.b.c.

154 *80 reis* fr. à **Bahia** de 1829 et de 1830 contremarqué de 40.
Meili pl. V. 31 et 32. 2 ps. Ae. b.c.

155 1825 *40 reis* **Bahia.** contremarqué de 20. pl. VI. 34. Ae. t.b.c.

156 1828 *40 reis* fr. à **Bahia,** contremarqué de 20, pl. VI. 34. Ae. t.b.c.

157 1830 20 Reis. Bahia. contremarqué de 10 et sans contremarque
et 1828 10 Reis. pl. VI. 36 et 37. 3 ps. Ae. Belles et b.c.

158 **Pernambuco.** 1826 *20 reis* † 1826 P †. manque à Meili. Rare. Ae. t.b.c.

159 **San Paulo.** 1828 *80 reis* † 1828. S P † Meili pl. VII. 41. Rare.
Ae. t.b.c.

160 -- 1829 Même pièce † 1829. S.P † Fort rare. Ae. belle.

161 **Goyaz** 1828 *80 reis* . 1828 . G † Meili. pl. VII. 44. Rare. Ae. t.b.c.

162 - 1826 *40 reis* † 1826 G † Meili. pl. VII. 46. Ae. t.b.c.

163 — 1829. *40 reis* † 1829 G † contremarqué de 10. Meili pl. VII. 47.
Ae. t.b.c

164 **Goyaz** et **Minas.** *75 reis* sans date, surfrappé sur une pièce de 40 reis de Maria I. Meili pl. VIII. 49. Extr. rare. Ae. t.b.c.

165   *37½ reis* de 1828 fr. à **Minas.** pl. VIII. 50. Extr. rare. Ae. Beau.

166 **Cuyaba.** 1826. *40 reis,* contremarqué de 20. * 1826. C * Mm. 34. Module manquant à Meili. Ae. t.b.c.

167   1826. 40 reis, sans contremarque Mm. 30. Meili pl. VIII, 53. Ae. t.b.c.

168   Même pièce de 1830. pl. VIII. 53. Ae. Belle.

169   Mêmes pièces de 1827 et 1828 contremarquées de 10. pl. VIII. 54. 3 ps. Ae. t.b.c.

170 **Ceara.** *80 reis.* Sur une pièce de 80 reis une étoile pentagone CEARA. Meili pl. IX. 60. Fort rare. Ae. b.c.

171 **Maranhâo** XX reis sur une pièce de 80 reis fr. à Rio en 1829, contremarqué avec $\cdot_{XX}^{M}\cdot$. Fort rare. Meili pl. X, 64. Ae. b.c.

172 Lot de pièces de *80 reis* avec et sans contremarquer. 6 ps. Ae. t.b.c.

173 **D. Pedro II.** premier système monétaire (système vieux) 1832. *Dobra de 6400 reis.* fr. à **Rio.** Buste jeune de l'Empereus à dr. Meili pl. XIII. 2. Fort rare Or. gr. 13, 3. Beau.

174 1832. *Patagon* (960 reis) Rio. Meili pl. XIII. 5. Rare. Ar. gr. 26. 8. F.d.c.

175 1833. *160 reis.* Rio. pl. XIII. 7. Fort rare. Ar. troué. b.c.

176 1833. *80 reis,* Rio. pl. XIII. 8. Fort rare. Ar. beau.

177 1831. *80 reis.* Rio. même pièce de 1832 avec et sans contremarque. Meili pl. XIV. 9 et 10. 4 ps. Ae. t.b.c.

178 1831. *80 reis* **Rio.** module réduit. Mm. 37. manque à Meili. Ae. t.b.c.

179 1832. *40 reis Rio,* même pièce contremarquée de 20. pl. XIV, 11 et 12. 2 ps. Ae. t.b.c.

180 **Goyaz** 1832 *80 reis* contremarqué de 20. pl. XIV, 15. Rare. Ae. b.c.

181   1833 même pièce, même contremarque. Ae. t.b.c.

182 **Cuyaba** 1833. *40 reis* contremarqué de 10. pl. XV, 20. Ae. t.b.c.

183 **D. Pedro II.** Second système monétaire. 1833 *Dobra* sans indication de valeur *(15000 reis)* Buste nu et jeune de l'Empereur, la tête coupe la légende. Rev. Les armoiries. en haut en caractères minuscules. **In hoc S   vinces.** Meili pl. XVII. 26. Extr. rare or. gr. 13. 2. t.b.c.

184 1847 *Dobra,* sans indication de valeur. (15000 reis). Buste en uniforme de l'Empereur à.g. Meili pl. XVII. 27. Extr. rare or. gr. 14. 3. F. d. C.

185 1847 *1200 reis (Patagon)* Meili pl. XVII. 29. Ar. gr. 26. 9. t.b.c.

186 1846 *800 reis (Double pataca)* Meili pl. XVII. 30. Ar. gr. 13. 45. Beau.

187 1837 *400 reis (Pataca)* Mm. 37. pl. XVII. 31. Ar. gr. 6. 7. t.b.c.

188 1845 Même pièce. Mm. 38. Ar. gr. 6. 7. t.b.c.

189   1847. *200 reis* pl. XVII. 32. Ar. t.b.e.

190   1837. *100 reis* pl. XVIII. 33. Ar. beau.

191   **D. Pedro II.** troisième système monétaire (décimal) 1851. *Dobra* de 20.000 *reis* (sans indication de valeur). Buste drapé de l'empereur à g. Meili pl. XIX. 36. or. gr. 18. Extr. rare. Superbe.

192   1857 *Dobra* de 20.000 reis à la tête barbue à g. Meili pl. XIX. 38. or. gr. 17. 9. t.b.e.

193   1888 *Mein Dobra de mil-reis,* même type. Meili pl. XX 44. or. gr. 8. 95. F. d. c.

194   1855. *5000 reis. Moeda,* même type. Meili pl. XX. 44. or. gr. 8.95, F. d. c.

195   1852 *Patagon* (2 Milreis) Meili pl. XIX. 39. IN. HOC. S.—VINCES, Ar. gr. 25. 5. Beau.

196   1858 *Patagon* (2000 reis) IN HOC SI.—GNO VINCES pl. XX. 47. Ar. Beau.

197   1852 *Milreis* pl. XIX. 40 et 1863 pl. XX. 48. 2 ps. Ar. t.b.e.

198   1866 Même pièce pl. XX. 48. Ar. F. d. c.

199   1852 *500 reis* pl. XIX. 41 et 1862. pl. XX. 49. 2 ps. Ar. t.b.e.

200   1856 200 reis. pl. XX. 50. Ar. f.d.c.

201   1863 Essai d'une pièce de 40 *Reis, Ensaio* * Monetario * 1863. Meil. pl. XXI. 54. Br. F. d. c.

202   1862 Essai d'un *Patagon* au buste de l'Empereur, sous le buste lüster. f. droit de Meili. pl. XXI. 53. sans revers. Br. F. d. c.

203   1875 *Patagon* (2000 reis) sans IN HOC etc. au revers. pl. XXIV. 69. Ar. F. d. c.

204   1869. *Mil reis.* même type. pl. XXIV. 70. Ar. Beau.

205   1888. *Patagon* (2000 reis) au revers **Decreto de 1870,** pl. XXIV. 75. Ar. F.d.c.

206   1880. *Mil reis* même type avec **Decreto de 1870** manque à Meili. Ar. F.d.c.

207   *500 reis* de 1868. pl. XXII. 61 et de 1876. pl. XXIV. 71. 2 ps. Ar. F.d.c.

208   *200 reis* de 1868. pl. XXII. 62. Ar. Beau.

209   1869. *20 reis* au buste à dr. pl. XXIII. 63. Essai en Nickel. F.d.c.

210   · 10 reis au buste à dr. pl. XXIII. 64. Essai en Nickel. F.d.c.

211   1873. *40 reis* même type. pl. XXIII. 68 et *20 reis* pl. XXIII. 64. 2 ps. Br. F.d.c.

212   1871. *100 reis* et *50 reis.* pl. XXIII. 66 et 67. fr. en essai. 2 ps. Nickel. F.d.c.

213   *200 reis* de 1874. *100 reis* de 1881 et *50 reis* de 1886. pl. XXIII. 65. 66 et 67. 3 ps. Nickel. belles.

214   *20 reis* 1869. Essai en bronze dont l'avers émaillé au fond bleu. curieux.

215   Essai du revers d'un Moeda de 5000 reis. Armoiries. dessus BRA-ZIL.— 1867. Br. F.d.c.

IV. RÉPLUBIQUE DES ÉTATS UNIS DU BRÉSIL.

216   1889. *500 reis.* Tête de la république REPUBLICA DOS ESTA-
DOS UNIDOS DO BRAZIL 1889. Rev. * ORDEM E PROGRESSO *
500 reis. Ar. F.d.c.

217   1889. *Milreis* au même type. Ar. F.d.c.

218   1889. 40 reis, A CONOMIA FAZ A PROSPERIDADE dans le ch.
40 REIS. Br. F.d.c.

219   – Essai de 40 reis avec la Liberté debout. Ensaio mon. Br. F.d.c.

220   — Essai de *20 reis.* Les armoiries de la république REPUBLICA
DOS ESTADOS UNIDOS DO BRAZIL 1889. Rev. VINTEM POU-
PADO . VINTEM GRANHO dans le ch. 20 REIS. Br. Beau.

V. MONNAIES DES MINES ETC.

221   **Morro Velho.** 1848. *320 reis* dans un entourage de feuilles. Rev.
320 REIS. Même entourage. Etain.

222   **Morro Velho.** 1848. *80 reis.* même type. Etain.

223   **Morro Velho.** 1848. 40 reis même type. Etain.

224   **Pescaria Paraense.** *20 reis.* Rev. Poisson. Etain.

225   **Companhia Nictheroi & Inhomerin.** Bateau à vapeur. Rev. 120
REIS ovale. Etain.

226   **Ferreira Nicolao & Cia.** Industria Nacional. Rio de Janeiro. Rev.
Calcado fabrica vapor-Adaô-Rua d'Alfandiga 137—139. Ae. F.d.c.

227   **Parana.** Chemin de fer. marques de 10000. 5000. 1000, 500. 100.
50 et 10 reis. Suite de forme variée. 6 pièces. Ae. F.d.c.

VI. VARIA ET MÉDAILLES DU BRÉSIL.

228   1646. Obsidionale de *XII Florins* fr. par les Hollandais à **Pernambuco.** réproduction galvanoplastique en argent doré de Meili.
pl. I. n. 1 et de Mailliet n. 1. Belle.

229   1645. Obsidionale de *VI Florins*, Mailliet pl. XVIII. 2. réproduction
galvanoplastique en argent doré. Belle.

*Pour les médailles: Citations d'après Jules Meili. Die auf das Kaiser-
reich Brasilien bezüglichen Medaillen.*

230   1838. Arrivé du prince de Joinville à Rio de Janeiro. Meili. pl.
III. 14. Br. Beau.

231   1872. Régence de la princesse impériale Donna Isabel. Son buste
à g Rev. Le palais du Sénat. Belle médaille par Cerneiro. Mm. 61.
Meili. pl. VII. 42. frappée en bois.

232   1888. Abolition de l'esclavage. Méd au buste à g de la régente
Donna Isabel par l'Institut historique du Brésil. Meili. pl. IX. 54.
Mm. 54. Br. Belle.

233   1881. Exposition brésilienne allemande à Poto Alegre, Rio Grande da Sul. Vue de l'édifice. Meili. pl. XIII, 77, fr. en bois.

234   1865. Médaille portative. Prise de Uruguayana, dans la guerre du Brésil contre le Paraguay. Meili, pl. XX. 113. Plomb.

235   1866. Victoires sur terre et sur mer, belle petite méd. au buste lauré de l'Empereur. Mm. 15. Meili. pl. XX. 114. Ar. F.d.c.

236   1865 7. Méd. militaire. Actions valeureuses dans la guerre contre le Paraguay. Mm. 25 32. Meili. pl. XXIII. 128. Br. t.b.c.

237   1870. Méd. au buste du compositeur **Ant. Carlos Gomes** à Rio de Janeiro. Mm. 20. Meili. pl. XXXII. 197. Br. b.c.

238   1841. Méd. de prix des écoles au buste en uniforme de l'Empereur Pedro II. Mm. 33. Ae. a.b.c.

239   1882. Médaille de la Société de propagation de l'instruction ASSO-CIACAO PROMOTORA DA INSTRUCCAO. Rev. MEDALHA DE BENIFICENCIA DBLIBERACAO DE 5 DE MARCO DE 1882. Manque à Meili. Mm. 47. Ar. gr. 43 avec oeuillet. t.b.c.

240   1629. Prise de la flotte d'argent espagnole, par l'amiral hollandais Piet Hein, dans la baie de Matanzas. Belle médaille. van Loon, II éd. fr. 171 éd. holl. 173, n. 3. Ar. gr. 49. Rare.

240*a*   1865. Petite médaille à la tête de D. Pedro II. retour de S. M. de Uruguayana dans sa résidence. Meili. pl. VI. 32. Mm. 19. Ar. gr. 4, 5.

COLONIES PORTUGAISES AUX INDES ORIENTALES. I. GOA.

Citations d'après Teixeira de Aragão, Historia das Moedas Cunhadas em nome dos Reis Regentes e Gov. de Portugal et d'après Jules Meili. Portugiesische Münzen (Varietäten und einige unedirten Stücke).

241   **D. Pedro II.** 1667–1700. 1682 *Xerafim*. Ecusson couronné entre G.A. Rev. croix de l'ordre du Christ cantonnée de 1682. sur le flan plusieurs contremarques. Teixeira pl. II. 1. Extr. rare. Ar. gr. 10.5. b c.

242   **D. Ioao V.** 1700–1750. 1716. San Thomé de 2 xerafims. Ecusson couronné entre G O. Rev. croix de l'ordre du Christ cantonnée de 1 7 1 6. Inédit. de la plus haute rareté. or. gr. 9,65.
Voir la gravure pl. 1. 3.

243   1730. *Roupie* IOANN ESV . RP. Buste lauré du roi à dr. var. de Teixeira. pl. II. 2. buste plus grand. Rare. Ar. t.b.c.

244   1733. *Roupie*. variété de gravure. comp. Teix. pl. II. 2. Ar. t.b.c.

245   1747 *Roupie*, var. de gravure. le cou plus allongé. Teix pl. II. 2. Ar. t.b.c.

246   1747 Même pièce. autre variété de gravure. Ar. t.b.c.

247   Même pièce. troisième variété. la tête plus grosse. le cou plus court. Ar. bc.

248   1748 *Roupie*, comparez Teix. pl. II. 1. la tête plus grande. Ar. b.c.

249   Même pièce. autre variété. Ar. bc.

250 S.d. *Roupie*, avec la valeur 600 (reis) à gauche de l'écusson, inconnue à Teixeira, variété de Meili pl. III, 27, avec la tête plus grosse et ☰ au lieu de ☰ Extr. rare. Ar. b.c.

251 1737. *Pardao* au buste lauré, date inconnue. Comp. Teix. pl. II, 3. Ar. a.b.c.

252 1744 *Pardao*, type de Teixeira pl. II. 3 date inconnue Ar. b.c.

253 1751 *Pardao*, même type, date inconnue. Ar. t.b.c.

254 S.d. *Pardao*, même type, que n. 250, avec la valeur 300 (reis), variété de Meili pl. III. 28 avec ☰ au lieu de ☰. Extr. rare. Ar. b.c.

255 1735 *Meio Pardao*, Teixeira pl. II. 4. Ar. b.c.

256 1741. *Meio Pardao* IOANN ·ESVRP. Buste lauré à dr. dessous 1741. var. de Teix. pl. II. 4. Ar. Rare. t.b.c.

257 — Même pièce, les caractères et l'écusson du revers plus petits. Ar. t.b.c.

258 *Meio Pardao*, 2 variétés, dates effacées. Ar. b.c.

259 *Meio Pardao*, l'écusson entre G · A. manque à Teixeira. Meili pl. III 29, date illisible. Extr. rare. Ar. b.c.

260 Tanga 1726 (60 reis) couronne entre deux palmes, dessous 1726. Rev. dans une couronne de feuilles 60. Teixeira. pl. II. 7. Extr. rare. Ar. t.b.c.

261 1741. *Tanga* (60 reis) Teixeira. pl. II. 6. Ar. Extr. rare. t.b.c.

262 1741. *Tanga* (60 reis). Buste lauré, sans légende. Rev. 60 sous une couronne. Teix. pl. II. 6. Extr. rare. Ar. t.b.c.

263 ? Même pièce. date illisible. Ar. t.b.c.

264 1743 *Tanga*, variété inédtie avec 06 au lieu de 60 sous la couronne. Ar. b.c.

265 1744. Même pièce. pl. II. 6. Ar. t.b.c.

266 *Tanga*, type de Teix. pl. II. 6. deux variétés. Ar. b.c.

267 1752 **Roupie**. tête laurée, beaucoup plus grande que Teixeira pl. II. 2 date inconnue, le roi Ioao V étant mort en 1750. cette pièce avec la date 1752 est fort curieuse. Ar. b.c.

268 *Pardao* et 4 Meio Pardao's. dates illisibles 5 pièces. Ar. Lot intéressant.

D. IOSÉ 1750—1777.

269 1772. *San Thomé de 12 Xerafims*, type de Teixeira pl. III n. 2 Or. gr. 5. Extr. rare. Beau.

270 1778 *San Thomé de 12 xerafims*. Croix de St. Thomé entre 17 · 78. au dessus DOZE **xeraf**. comparez la gravure Teixeira pag. 331 inconnu à Teixeira et à Meili. Or. gr. 4.7 Inedit. *voir la gravure pl. I. n. 4.*

271 1772. 2 *Xerafims*, type de Teixeira pl. IV n. 9 date inconnue: or. gr. O S. Extr. rare. *voir la gravure pl. I, 5.*

272 1752 *Roupie* IOZE— PH . I . R. P. buste à dr. dessous 1752. Rev. Ecusson couronné beaucoup plus petit que Teixeira pl. IV. 10. Ar. t.b.e.

273 1762 *Roupie*, même type, mais le buste plus petit, inédit. Ar. b.e.

274 1775 *Roupie*, RVPIA 1775, type de Teix. pl. IV. 11. Ar. b.e.

275 1766 *Roupie*, même type. Ar. b.e.

276 1777 *Roupie*, même type. pl. IV. 11. Ar. b e.

277 1778 *Roupie*, même type, frappée après la mort du roi. décédé en 1777. Extr. rare. Ar. b.e.

278 1778 Même pièce, variété de gravure. la couronne au revers plus petite. Extr. rare. Ar. t.b.e.

279 1761 *Pardao*, la date sous le buste, type de Teixeira. pl. IV, 12. Rare. Ar. t b.e.

280 1775 *Pardao* avec Pardao- 1775, type de la roupie Teixeira pl. IV n. 11 manque à Teixeira. Meili pl. IV. 33. Fort rare. Ar. t.b.e.

281 1775 Même pièce, variété de Meili pl. IV. 33. l'écusson plus petit. Ar. t.b.e.

282 1776 *Pardao* même type. manque à Teixeira et à Meili. Fort rare. Ar. t.b.e.

283 1778 *Pardao*, même type, même remarque que sur la roupie de 1778 Fort rare. Ar. t.b.e.

284 1753 *Meio Pardao*, Teixeira pl. IV, 13. Date inconnue. Ar. t.b.e.

285 1775 *Meio Pardao*, Teixeira pl. IV. 14. Ar. Beau.

286 1777 *Meio Pardao*, même type. Ar. t.b.e.

287 1778 *Meio Pardao*, même type. buste plus petit. Fort rare. Ar. t.b.e.

288 1751 *Tanga* (60 reis) date sous le buste. Teixeira pl. IV, 15. Ar. t.b.e.

289 1764 *Meio Tanga*. Buste, dessous 64. Rev. Couronne dessus 30. Ar. beau, *voir Pl. I n. 6.*

290 1771 Même pièce, type de Aragao pl. IV. 21. Ar. t.b.e.

291 S.d. *Meio Tanga*, Teix. pl. IV. 23. Ae. t.b.e.

291*a* 1769 *VI Bazarucos*. Ecusson couronné entre G -A Rev. VI 1769 dans une couronne de feuilles. Teixeira pl. V n. 37 Etain. Beau.

292 **D Maria** I 1777 -1799. *San Thomé de 12 Xerafins* de 1785. Teixeira pl. V. n. 1 or. gr. 5 Beau.

293 1792 *San Thomé de 12 Xerafins*, variété de Teixeira pl. V n. 2. Or. Beau.

294 1781 *Roupie*. Buste lauré de la reine RVPIA -1781. Teixeira pl. V n. 4. Ar. Belle.

295 *Roupie* inédite encore au buste de Iosé I inconnue à Teixeira et à Meili. Ar. t.b.e. *voir la gravure pl. I. 7.*

296 1783 *Roupie* aux bustes accolés de **Marie I** et de **Pedro III.** Teixeira pl. VI n. 7. GOA RVPIA 1783. Ar. Belle.

297 1784 *Roupie*. même type. Ar. t.b.e.

298 1785 *Roupie* même type. Ar. t.b.e.

299   1786 *Roupie*, même type. Ar. t.b.c.

300   1787 *Roupie*, même type. Ar. t.b.c.

301   1787 *Roupie* au buste voilé de **Marie I** seule. après la mort de son mari Pedro III. GOA—RVPIA. sous le buste 1787 Teix. pl. VI, 12. Ar. t.b.c.

302   1791. *Roupie*. même type. Teixeira, pl. VI, 12. Ar. t.b.c.

303   1796. *Roupie*, au, buste coiffé et non voilé, autre gravure que pl. VI, 15. Ar· belle.

304   1797. *Roupie*. Buste coiffé. Teix. pl. VI, 15. Ar. t.b.c.

305   1798. *Roupie*. même type, le nez fort pointu. Ar. t.b.c.

306   1798. *Roupie*, même type, la couronne au revers plus petite. Ar. t.b.c.

307   1799. *Roupie*. même type, l'écusson et la couronne du revers plus grands. Ar. t.b c.

308   1799 *Roupie*, même type. la couronne plus petite. Ar. t.b.c.

309   1781. *Pardao* a la tête de Marie à longue chevelure Pardao—1781. Teixeira, pl. V, 5. Ar t.b.c.

310   1782. *Pardao*, aux bustes accolés de Marie et de son mari **Pedro III** PARDAO-GOA-1782. Teixeira, pl. VI, 8. Ar. t.b.c.

311   1783. *Pardao*, même type. Ar. t.b.c.

312   1784. *Pardao*, même type. Ar. t.b.c.

313   1785. *Pardao*, même type. Ar. t.b.c.

314   1786. *Pardao*, même type. Ar. t.b.c.

315   1787. *Pardao*, même type. Ar. t.b.c.

316   1787. *Pardao* au buste voilé de Marie I seule, comparez Teixeira pl. VI. 13. Ar. t.b.c.

317   1791. *Pardao* au buste voilé. Teixeira, pl. VI, 13. Ar. t.b.c.

318   1792. *Pardao*, même type. Ar. t.b.c.

319   1793. *Pardao*, même type. Ar. t.b.c.

320   1797. *Pardao* au nez pointu. Teixeira, pl, VI, 16. Ar. Beau.

321   1798. *Pardao*, même type. Ar. t. b. c.

322   1799. *Pardao*, même type, variété de gravure. Ar. t.b.c.

323   1781. *Meio Pardao*, à la tête de *Maria* à longue chevelure, Teixeira pl. V, 6. Ar. Beau.

324   1782. *150 reis (Meio Pardao)* aux bustes accolés de Marie I et de Pedro III 150 R-GOA. Teixeira, pl. VI, 9. Ar. Beau.

325   1784. *150 reis*. même type. Ar. Beau.

326   1786. *150 reis*, même type Ar. Beau.

327   1787. *150 reis* au buste voilé de Marie I seule. Teixeira, pl. VI, 14. Ar. t.b.c.

328   1790. *150 reis*, même type avec 1790. Ar. Beau.

329   1797. *150 reis*. variété de gravure. Teixeira, pl. VI, 17. Ar. Beau.

     D. Joao VI, comme prince régent 1800 1816. Roi 1816—1825.

330   1800. *Roupie* encore au buste de sa mère Marie I. tombée en démence. type de Teixeira. pl. VI. 15. Ar. t.b.c.

331   1801. *Roupie*, même type. Ar. t.b.c.

332   1802. *Roupie*, même type. Ar. b.c.

333   1803. *Roupie*, même type, la coiffure de la reine très ornée. Ar.
t.b.c. *voir la gravure*. pl. L. 8.

334   1804. *Roupie*, même type que Teixeira, pl. VI. 15. Ar. t.b.c.

335   1804. *Roupie* inédite, même type RVPIA-DGOA-1804. Ar. b.c.

336   1805. *Roupie*, type de la gravure, pl. I. 8. Ar. t.b.c.

337   1806. *Roupie*, type de Teixeira, pl. VI, 15. Ar. t.b.c.

338   1806. Même pièce, autre gravure, l'écusson du revers plus barbare.
Ar. b.c.

339   1806. Même pièce, troisième variété, gravure comme le Pardao.
pl. VI, 16. Ar. t.b.c.

340   1807 *Roupie* au buste lauré de **Ioao VI**. RVPIA . D . GOA. Rev.
L'écusson oval de Portugal, couronné et orné. Teixeira pl. VII. 3.
Extr. rare, inconnue à Teixeira et à Meili. Ar. t.b.c.

341   1808 *Roupie* même type, toute autre gravure RVPIA D GOA, manque
à Teixeira et à Meili. Extr. rare. Ar. t.b.c.

342   1809 *Roupie*, type de Teixeira pl. VII, 3. Rare. Ar. t.b.c.

343   1811 *Roupie*, Teixeira pl. VII. 3 mais l'écusson plus grand. Ar. t.b.c.

344   1812 *Roupie*, Buste lauré avec manteau, attaché par un byou sur
l'épaule, comme Teixeira pl. VII, 11 mais l'écusson plus grand et
l'écusson oval de pl. VII, 3. Ar. t.b.c.

345   1814 *Roupie*, même type. Ar. b.c.

346   1815 *Roupie*, type de pl. VII. 3 avec RVPIA . D . GOA. Ar. t. b.

347   1816 *Roupie*, type comme celle de 1812. Ar. t.b.c.

348   1817 *Roupie*, même type le 6 de la date transformé en 7. Fort rare
Ar. t.b.c.

349   1818 *Roupie*, l'écusson de Portugal, placé sur le sphère et surmonté
d'une couronne. Teixeira pl. VIII, 16. Ar. t.b.c.

350   1820 *Roupie*, même type, le buste autrement drapé. pl. VIII, 17.
Ar. t.b.c.

351   1820 Même pièce, variété de gravure. Ar. t.b.c.

352   1822 *Roupie*, même type. Ar. t.b.c.

353   1823 *Roupie*, type de celle 1818. Teix. pl. VIII. 16. Ar. t.b.c.

354   1825 Roupie, même type, variété de gravure. Ar. t.b.c.

355   Même pièce, la date illisible. Ar. t.b.c.

356   1800 *Pardao* encore au buste de sa mère. Teixeira pl. VI. 16. Ar. t.b.c.

357   1801 *Pardao*, même type. Ar. b.c.

358   1802 *Pardao*, type de la Roupie de 1803. *voir la gravure, pl. I. 9.*
Ar. b.c.

359   1803 *Pardao*, même gravure. Ar. t.b.c.

360   1804 *Pardao*, type de Teixeira pl. VI. 16. Ar. t.b.c.

361   1808 *Pardao.* type de Teixeira pl. VII. 4. avec l'écusson oval inconnu à Teixeira et à Meili. Ar. t.b.c.

362   1808 *Pardao.* inconnu à Teixeira. Meili pl. IV. 38 avec PARDAO D GOA et avec le buste de Teixeira pl. VII. 4 et l'écusson de Teix. pl. VI. 16. Ar. bc.

363   1817 *Pardao.* Teixeira pl. VII. 4. Ar. b.c.

364   1818 *Pardao* Buste lauré et drapé de **D. Ioao VI**. Rev. L'écusson du Portugal placé sur le sphère. et surmonté d'une couronne. variété de Teixeira pl. VIII. 18. Ar. t.b.c.

365   1820 *Pardao* même type. Ar. b.c.

366   1823 *Pardao,* même type. Ar. t.b.c.

367   1823 *Pardao.* Teixeira pl. VII. 18. Ar. t.b.c.

368   1823 *Pardao.* type de celui de 1818. *voir la gravure pl. I, 10.* Ar. t.b.c.

369   1825 *Pardao.* module plus petit. avec PAOAO GOA. var de Teixeira pl. VIII. 18. Ar. t.b.c.

370   1825 Même pièce. variété avec l'écusson plus grand. Ar. t.b.c.

371   1802. *150 reis (meio Pardao)* encore au buste de sa mère 150 RES GOA. Sous le buste 1802. Inconnu à Teixeira ou à Meili. Ar. troué. t.b.c.

372   1804. *150 reis.* même type. Extr. rare. Ar. t.b.c. *voir la gravure pl. I, 11.*

373   1818. *Mei serafim.* Buste lauré et drapé de Joao VI MEI-X-GOA sous le buste 1818. Rev. l'écusson de Portugal. placé sur le sphère et surmonté d'une couronne. Teixeira. pl. VIII. 16. Ar. t.b.c.

374   1819. Même pièce. même type. Teix. pl. VIII. 16. Ar. t.b.c.

375   1820. *Mei serafim.* même type. Ar. b.c.

376   1820. Même pièce. l'écusson et le sphère plus petits. Ar. b.c.

377   1819. *Tanga* TANGA-GOA Teixeira. pl. VIII. 20. Ar. t.b.c.

378   S.d. *Nove reis* Nove Reis. Teix. pl. VIII. 26. Rare. Ar. b.c.

379   **D. Pedro IV** 1826 1828.   1828. *Roupie* Buste lauré et drapé à dr. RVPIA-GOA. sous le buste 1828. inconnue à Teixeira. Ar. t.b.c. *Voir la gravure* pl. I. 12.

380   Sans date. *Pardao* au même type PARDAO GOA. Ar. b.c.

D. Miguel de Bragança 1828—1833.

381   1830. *Roupie.* Teixeira pl. IX. 1. Ar. t.b.c.

382   1831. *Roupie.* Teixeira pl. IX. 1. Ar. t.b.c.

383   1833. *Roupie.* même type. inconnue à Teixeira. Ar. t.b.c.

384   1831. *Pardao.* même type. inconnu à Teixeira. Meili pl. IV. 39. Ar. t.b.c.

385   S.d. *Meia Tanga.* Teixeira pl. IX. 5. Ar. b.c.

D. Maria II 1834—1853.

386   1839. *Roupie.* Buste diadémé et drapé à g. RVPIA DE GOA. Rev.

L'écusson couronné de Portugal, entouré de palmes. Teixeira pl. X, 2. Ar. Belle.

387 1840. *Roupie*, même type, l'écusson du revers plus carré. Ar. Belle.

388 1846. *Roupie*. Tête diadémée à g. MARIA . II . PORTUG . ET . ALGARB . REGINA * 1846 * Rev. dans une couronne de laurier RVPIA. Teix. pl. X, 4. Ar. t.b.c.

389 1850 *Roupie*, même droit. Rev. Ecusson couronné de Portugal, dessous RUPIA DE GOA. Teix. pl. X, 7. Ar. t.b.c.

390 1839. *Pardao*. Teixeira pl. X, 3. Ar. Beau.

391 1840. *Pardao*, même type, l'écusson plus carré. Ar. t.b.c.

392 1846. *Pardao*, même type avec PARDAO. Teixeira pl. X, 5. Ar t.b.c.

393 1851. *Pardao*, même type, sous l'écusson PARDAO DE GOA, pl. X, 8. Ar. t.b.c.

394 1846. *Meio Pardao*, même type, avec MEIO, pl. X, 6. Ar. Beau.
P

395 1840. *Tanga 60 reis*. Armoiries couronnées de Portugal, entourées de laurier dessous 1840. Rev. 60. R dans une couronne de laurier. Teixeira pl. XI, 22. Ae. Beau.

396 1841. *30 reis* (Meia Tanga), même type. Teixeira pl. XI, 23. Ae. Beau.

397 1845. *Dez reis*. Ecusson couronné, dessous 1845. Rev. 10 R. Teixeira, pl. XI, 16. Ae. t.b.c.

398 S.d. *7¹⁄₂ reis*, même type. Teix. pl. XI, 17. Ae. Beau.

399 S.d. *15 reis*. Ecusson couronné de Portugal, Rev. 15—R entouré de laurier. Teixeira pl. XI, 11. Ae. t b.c

400 S.d. *7¹⁄₂ reis*, même type. Teixeira pl. XI, 13. Ae. t.b.c.

401 1845. *4¹⁄₂ reis*. Teixeira pl. XI, 19. Ae. Beau.

402 **D Pedro V**, 1853--1861. 1857 *Roupie* PETRUS .V. PORTUG . ET . ALGARB . REX . 1857. Rev. RUPIA —GOA. entouré de palmes. Teixeira pl. XI, 1. Ar. t.b.c.

403 1858 *Roupie*, même type. Ar. t.b.c.

404 1857 *Pardao*, même type, Rev. PARDAU . GOA. Teix. XI, 2, Ar. Beau.

405 1857 *Meio Pardao*, même type, Rev. MEIO. Teix. pl. XII, 3. Ar. t.b.c.
P

406 1858 *Tanga*. Tête du roi à dr. dessous 1858. Rev. 60 Teix. pl. XII, 4. Ar. Jolie pièce.   R

407 **D Luiz I** 1861—1889. 1869 *Roupie* de **Goa**. à la tête à g. Teixeira pl. XII. 2. Ar. t.b.c.

408 1868—*Pardao* de **Goa**, même type. Teix. pl. XII, 3. Ar. t.b.c.

COLONIES PORTUGAISES AUX INDES. II. DIU.

409 **D. Ioao V** 1741 **Roupie** de **Diu**. Teixeira pl. III, 19 variété. Ar. b.c

410 **D. Iosé I** 1750 *Roupie* de **Diu**. type de Teix. pl. III, 19. Ar, b.c.

411 1765 *Roupie de Diu*, même type. Ar. t.b.c. *voir la gravure.*

412 1777 *Roupie* au même type. Ar. a.b.c.

413 1781 *Roupie*, nouveau type, aux bustes accolés de **Maria** et de **Pedro III** DIO· RVPIA —1781, Teixeira pl. VII, 31. Fort rare. Ar, t.b.c.

414 **Maria I** 178? (1780) Roupie de Diu à l'ancien type. Teixeira pl. III. 19. Ar. a.b.c·

415 1765 *20 Bazarucos* de **Diu**, Ecusson couronné entre D ·O. Rev. Croix du Christ cantonnée de 1—7—6— 8. Teixeira pl. V, 44. Etain. t b.c.

416 1768 *20 Bazarucos* de **Diu**. pl. V, 44, Etain t.b.c.

417 1767 *Atia* de **Diu**. Teix. pl. V. 41. Rare. Ae. b.c.

Ioao VI Prince régent 1799—1816, Roi 1816—1825.

418 1806 *Roupie* de **Diu**. Ecusson couronné. Rev. Croix de St. Thomé cantonnée de 1 -8 0 6, dessus 600 (Reis) dessous DIO. Teixeira pl. VIII. 31. Fort rare. Ar. Belle.

419 1806. Même pièce, légèrement variée. Ar. t.b.c.

420 1806 *Pardao* de **Diu**. croix de St. Thomé entourée de 300 * DIO 1806. Teixeira pl VIII. 32. Ar. Beau.

421 1806 *Meio Pardao* de **Diu**. même type 150 DIO . 1806. Teixeira pl. VIII. 33. Ar. t.b.c

422 1799 *20 Bazarucos*. Ecusson entre D—O. Croix du Christ cantonnée de 1 7 9 9 Teixeira pl. VII. 32. Plomb t b.c.

423 1806. *20 Bazarucos*, même type. Plomb. t.b.c.

424 **D. Pedro IV**, 1827. *20 Bazarucos*. Teixeira pl. IX, 1, Etain t.b.c.

425 1828. *20 Bazarucos*. Teix. pl. IX. 1. Etain t.b.c.

426 1827. *5 Bazarucos*. Teix. pl. IX. 2. Etain t.b.c.

427 **Maria II**, 1828 -1853. 1841. **Roupie** de **Diu**, même type que de 1806. Teixeira pl. XI, 21. Ar. t.b.c.

428 1843. *Quinza reis*. de **Damao**. Ecusson couronné de Portugal Rev. dans un double grénétis 15 R —D. Teixeira pl. XI, 24. Ae. t.b.c.

429 **D. Pedro V**. 1859. *Meio Pardao* de **Diu**. Ecusson couronné de Portugal. Rev. Croix de St. Thomé entourée de 150 DIO 1859. Teix. pl. XII. 6. Extr. rare. Ar. Beau.

Médailles Portugaises.

430 **Isabelle de Portugal.** Son buste richement drapé de face, un peu tourné à g. DIVA . ISABELLA AVGVSTA . CARO LI . V . VX. Rev. Buste lauré et cuirassé de **Charles V** IMP . CAES. CARO-LVS V AVG. Médaillon ancien mais retouché. Mm. 72. Br. t.b.c.

431 1583. Jeton au buste à g. de Philippe II, PHS . D . G . HISP . PORTVG . ET . INDORVM . REX. Armoiries de Philippe avec l'écusson de Portugal en surtout. Dugniolle 2954. Ae. b.c.

432   1588. PHS . D : G . HISP . PORTVG . ET . INDO . REX .
      1588. Jeton au buste de Philippe II à g. D. 3201. Ae. t.b.c.

433   1662. Mariage de Charles II d'Angleterre et de **Cathérine de Portugal.** Buste de Charles II à dr. Rev. CATHARINA . D . G .
      MAG . BRI . FRAN . ET . HIBER REGINA. Son buste drapé à
      dr. Ar. gr. 36, 5. Belle médaille.

434   1670. Méd. aux bustes accolés de **Charles II** et de **Cathérine.** Rev.
      DIFFVSVS . IN ORBE . BRITANNVS. Méd. sur la colonisation
      des Indes par les Anglais. Ar. gr. 33. Belle.

435   1772. SEB . JOS . DE CARVALHO EMELLO MARCH . DE
      POMBAL. Buste drapé du marquis de Pombal. Rev. Hercule offre
      des byoux au roi de Portugal; vermeil gr. 54. 5. Rare. t.b.c.

436   1779. **Maria I** et **Pedro III** leurs bustes accolés. Erection d'une
      église au coeur sacré de Jésus. Mm. 52. Ar. gr. 47 Beau.

437   Même médaille. Mm. 47. Ar. gr. 46. Belle.

438   Même médaille en bronze. t.b.c.

439   1773. Expulsion des Jésuites. Méd. au buste du Pape Clément XIV.
      Jesuitarum Societ. Ar. gr. 23. F.d.c.

440   1778. **Marie** reine de Portugal protectrice de l'académie des arts.
      Mm. 71 Br. coulé b.c.

441   1799. Régence du Prince **Joao VI.** IOANNI . PORTVG . ET AL-
      GARB . PRINCIPI SVSCEPTO . INTER . PROCELLAS . IM-
      PERII CLAVO . CIVITAS . PORTVGALENSIS . D. Ar. gr. 55 Beau.

442   Même médaille, frappe moderne. Ar. Belle.

443   1808 1811. Victoire de l'armée anglo-portugaise sur les Français
      à Vimiera et Almeida. Jeton au buste de Wellington à g. Ae. t.b.c.

444   1829. Le roi D. Migael préside l'académie de beaux arts à Lis-
      bonne. Mm. 57 Br. Beau.

445   1824. **D. Miquel** infant de Portugal visite la Monnaie de Médailles
      à Paris. Ecusson couronné de Portugal placé sur le sphère. Rev.
      Presse monétaire. Ar. gr. 37. F.d.c.

446   Même médaille en bronze. t.b.c.

447   Médaille aux bustes des peintres Jean et Hubert van Eyck par
      Jouvenel. **Jean** visita le Portugal en 1431. Mm. 45. Br. Belle.

448   1895. Ouverture du chemin de fer de Delagoabaai au Transvaal.
      Médaille au buste à g de **Paul Krüger président du Transval.**
      Mm. 43. Br. Beau.

Indes Orientales.

COLONIES HOLLANDAISES DANS L'ARCHIPEL INDIËN.

449   1601. *Piastre* ou pièce de *huit escalins*, fr. par ordre de la Com-
      pagnie van Verre à Amsterdam, dans l'atelier monétaire de
      Dordrecht. van Loon I éd. fr. 539 ed. holl. 555 n. 1. Netscher en van
      der Chijs pl. 1 n. 1. Ar. Fort rare t.b.c.

450   1644. *Demi Sou* fr. à Batavia. Epcé en pal. **Batavia Anno 1644.**
      N. en v. d. Ch. n. 27. Ae. t.b.c.

451 1644 *Quart de Sou* ¼ St. même type. N. en v. d. Ch. n. 28. Fort rare. Ae. Beau.

452 1728. *Ducaton* au monogr. de la Compagnie, fr. à Hoorn, Cavalier à g. Ar. F. d. c.

453 1728. *Ducaton* fr. à **Dordrecht.** Essai en Or. gr. 37, 8 Superbe et fort rare (manque au cabinet de Batavia.)

454 1737. *Ducaton* de *l'Overijssel* MON . FOED : BELG : PRO : TRANSI : IN USUM : SOCIET : IND : ORIENT. Cavalier à dr. Rare. Ar. Beau.

455 1741. *Ducaton* fr. a **Hoorn,** Cavalier à g. Ar. t.b.c.

456 1750. *Roupie* de *Batavia*, type de N. en v. d. Ch. 20a. Rare Ar. t.b.c.

457 1750. Même pièce, variété avec la rose plus grande. Rare. Ar. t. b. c.

458 1757. *Date* de **Dordrecht,** fr. en argent. N. en v. d. Ch. 21a. Ar. Belle.

459 1764. *Date* fr. à **Batavia,** N. en v. d. Ch. 29. Ae. Belle.

460 1766. *Roupie* de **Batavia,** var. de gravure de Net. pl. III 20b. Ar. t.b.c.

461 1767. *Roupie* de **Batavia,** Net pl. III 20b. Ar. belle.

462 1785. *Roupie* de **Batavia,** manque au cabinet de Batavia. Rare Ar. t.b.c.

463 1786. *Trois florins* fr. à **Hoorn.** Net pl. V. 14. Ar. Beau.

464 1786. *Florin* fr. à **Utrecht.** Ar. Beau.

465 1791. *Demi florin* fr. à **Middelbourg** avec la légende fautive HANC TEVMVR et le marque monétaire à l'exergue. Ar. t.b.c.

466 1796. *Roupie* de **Batavia,** Net. 20c. Ar. Belle.

467 1799. *Sou* de **Java** I. St. Net. pl. IV. 25. Ae. t.b.c.

468 1800. *Sou* de **Java,** même type. Ae. t.b.c.

469 1801. *Roupie* de **Batavia,** Net. 37a. Rare. Ar. Belle.

470 1802. *Deux Sous.* lingot (bonk) type de Net. pl. VII 47a. Ae. b. c.

471 1806. *Roupie* de **Soerabaya.** Net. pl. VI. 37b. Ar. t.b.c.

472 1809. *Sou,* lingot (bonk) type de Net. pl. VII 55. Ae. b. c.

473 1816. Roupie fr. à Soerabaya, pendant l'occupation anglaise avec la date de l'hegyre 1232 et avec M dans le mot arabe *dharb.* Ar. t.b.c.

474 1818. *Double-Sou.* lingot (bonk) Poids gr. 18. Ae. t.b.c.

475 1818. Même pièce très mince. Poids gr. 8.5. Ae. t.b.c.

476 1836. *Date* au cygne, essai non émise. Ae. F. d. c.

COLONIES BRITANNIQUES AUX INDES.

477 **Ceylan,** sous la Compagnie hollandaise. 1783. *Double Sou* épais. Ae. t.b.c.

478 **Indes Britanniques** en général. 1841. *Mohur* à la tête diadémée de Victoria à g. Rev. Lion à g. près d'un palmier. Atkins n. 9 Or. gr. 11.7 Beau.

479 **Madras.** *Half Mohur* Lion debout tenant couronne. Thurston Madras Museum pl. XI.7 Or gr. 5.8 Beau.

480   *Cinq Roupies.* Écusson surmonté d'un lion, tenant couronne. Thurston pl. XI.9. Or. gr. 4.8. Belle.

481   *Three Swami Pagoda,* **Venkatesvara** entre ses deux femmes debouta, Thurston pl. XI.1. Or. gr. 3.5. Beau.

482   *Star Pagoda.* **Vishna** debout. Rev. Granulé au milieu étoile, Thurston pl. XI.3 Or. gr. 3.5 Beau.

483 **Mysore.** (Maïssour). *Krissna Radja Ordiar* XX *Cash* à l'éléphant à g. Fonrobert 3740. Ae. t. b. c.

484 1839 XX *Cash* au lion à g. MEILEE XX CASH. Fonrobert 3763. Ae. t.b.c.

SYRIE ET PARTHIE.

485 **Syrie** sous les **Seleucides. Antiochus I Soter.** 281 262 avant Jésus Christ. *Tétradrachme.* Tête diadémée à dr. Rev. Appollon assis à g. sur la cortine tenant un arc et une flèche, dans le champ 2 monogrammes. Percy Gardner, Catalogue of Greek coins. Seleucid Kings of Syria n. 8, pl. III, n. 4. Ar. Beau.

486 **Antiochus Hierax,** 227 av. J. C. *Tétradrachme.* Tête diadémée à dr. Rev. Apollon nu assis sur la cortine, tenant arc et flèche, dans le ch. Percy Gardner pl. VII, 2. Rare. Ar. b.c.

487 **Démétrius II Nicator.** Premier règne 146 138 av. J. C. *Tétradrachme* Tête diadémée à dr. Tyche assise à g. sur un trône, tenant sceptre et corne d'abondance. Percy Gardner pl. XVIII, 2. Ar. b.c.

488 **Démétrius II** restauré 130 125 av. J. C. *Tétradrachme* à la tête barbue et diadémée. Jupiter Nicéphore assis à g. la haste dans la main gauche, tenant une victoire, sous le siége et dans la ch. monogr. var. de Percy Gardner, pl. XXI. 3. Extr. rare. Ar. t.b.c.

489   Même pièce, variété de n. 17. Rare. Ar. b.c.

490   *Tétradrachme.* Tête diadémée à dr. Rev. Aigle sur un foudre palme sur l'épaule, dans le ch. trois monogrammes, frappé à **Tyr.** Percy Gardner n. 11 (pl. XXI. 1.) Ar. t.b.c.

491   Même pièce, Percy Gardner n. 6. Ar. t.b.c.

492   **Antiochus VIII Grypus** 121 96 av. J. C. *Tétradrachme.* Tête diadémée à dr. Rev. Jupiter nu debout, tenant la haste dans sa gauche, étoile sur la droite et croissant sur la tête. fr. à Sidon variété inédite de Percy Gardner pl. XXIV, 1. Ar. Beau. *Voir la gravure.*

493   *Tétradrachme,* même type. Percy Gardner. n. 13. Ar. b.c.

494 *Tétradrachme,* même type. Percy Gardner. n. 14. Ar. t.b.c.

495 **Antiochus IX Cyzicenus Philopator,** 97 96 av. J. C. *Tétradrachme,* tête diadémée et barbue à dr. Rev. Pallas debout à g., la gauche reposée sur un bouclier et tenant une victoire de la main dr. var. de Percy Gardner pl. XXIV. 9. Rare. Ar. t.b.c.

496 Même pièce, autre variété. Extr. rare. Ar. Beau. *Voir la gravure.*

497 Même pièce. Percy Gardner, n. 10. Rare. Ar. b.c.

498 **Antiochus X Eusèbe Philopator.** 96 av. J. C. Tête diadémée à dr. Rev. Jupiter assis à g. tenant haste et Victoire. Percy Gardner, pl. XXVI, 1. Rare. Ar. t.b.e.

499 **Parthie** sous les **Arsacides. Mithridate** I. 170—140 avant Jésus Christ. *Drachme.* Buste du roi a. g. Rev. le roi tenant l'arc et assis à dr. Percy Gardner The Parthian Coinage pl. I n. 23 var. Ar. t.b.e.

500 *Tétradrachme,* type grec. Tête diadémée à dr. Rev. Hercule debout à g. var. de Percy Gardner pl. II n 1 avec XP. à l'exèrgue Extr. rare. Ar. b. c.

501 **Phraate** IV. 37 av. -9 après J. C. *Tétradrachme,* Buste à g. Rev. La Victoire debout devant le roi, assis à dr. et tenant l'arc. Percy Gardner pl. IV.3. Ar. t.b.e.

502 Même pièce, avec la date 358. Ar. b.c.

503   *Drachme.* Buste à g. derrière oiseau. Rev. le roi tenant l'arc et assis à dr. Percy Gardner pl. IV.6. Ar. beau.

504 **Tiridate** II. 28 21 av. J. C. Tétradrachme. Buste diadémé du roi à g. Rev. Le roi assis à dr., devant une femme tourelée et debout, tenant une palme et une corne d'abondance, var. de Percy Gardner pl. IV.20. Ar. Beau.

505 **Vardane** I 41 -45. Tétradrachme. Buste diadémé à g. Revers comme du précédent. pl. V.12. Ar. t.b.e.

506 **Vardane** II 62 64 *Drachme.* Buste de face du roi avec tiare et accosté de deux étoiles. Rev. le roi assis à dr tenant arc. devant A. Percy Gardner pl. VI.3. Ar. t.b.e.

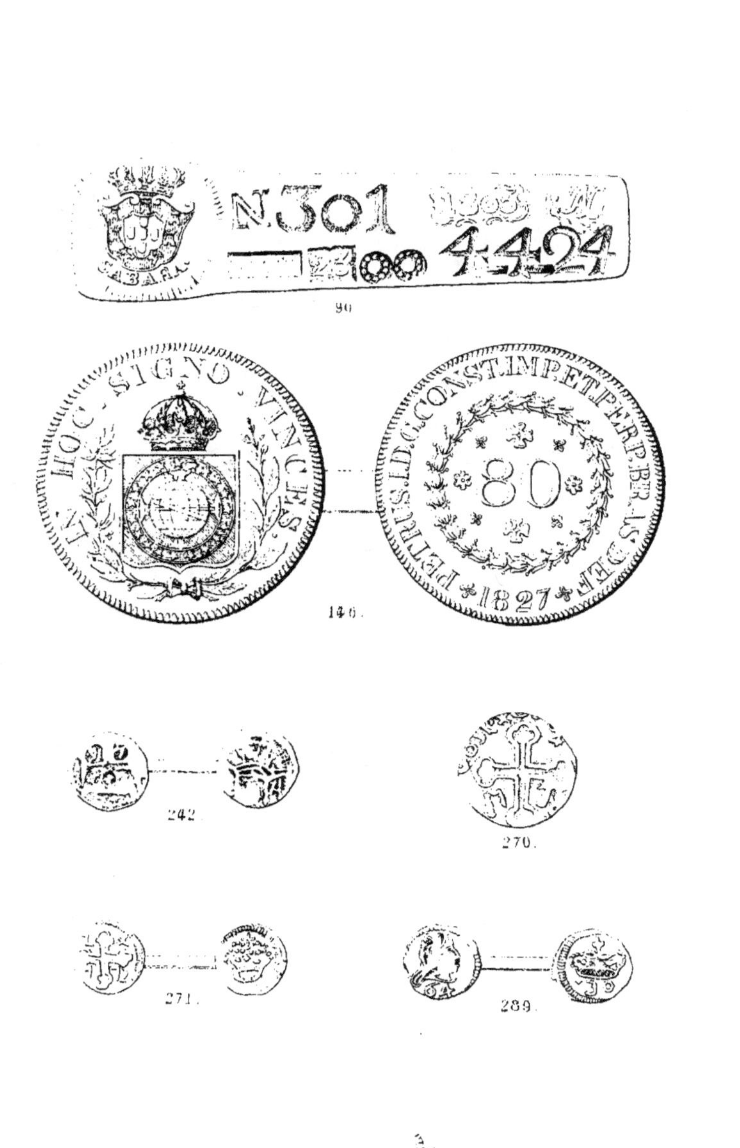

90.

146.

242.

270.

271.

289.

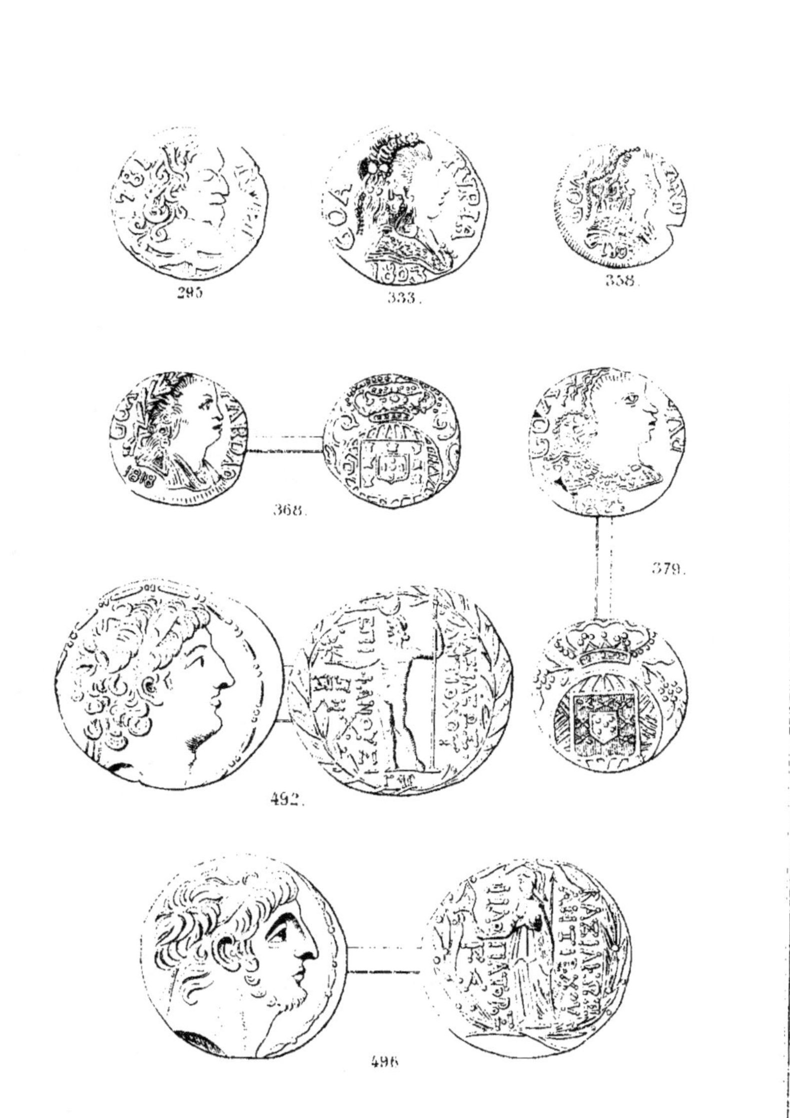

Conditions de la Vente.

La vente se fera au comptant en florins et cents des Pays-Bas.

Les acquéreurs paient 10⁰/₀ au dessus des enchères, comme cela est coutume en Hollande.

L'expert peut combiner ou diviser des lots d'après son gré.

Les acheteurs sont tenus de prendre livraison de leurs achats, après chaque vacation.

Après l'adjudication, aucune réclamation ne sera admise.

Ordre de la Vente.

LUNDI 5 OCTOBRE le soir à 6½ heures précises,
Les numéros 1 jusqu'au n. 240ᵃ inclusif.
MARDI 6 OCTOBRE le matin à 10½ heures.
Les numéros 241 jusqu' à la fin.

Mm. les amateurs qui seront empêchés d'assister à la vente, sont priés d'adresser leurs ordres jusqu'au 4 Octobre à l'Expert J. SCHULMAN à Amersfoort et pendant la Vente à son adresse Hôtel Krasnapolsky Amsterdam.

Jours d'inspection le Dimanche 4 Octobre et le Lundi 5 Octobre de 10 heures du matin à 4 heures d'après midi.

Le 6 Octobre et jours suivants

aura lieu la vente

de la Collection considérable

de **Monnaies** du moyen-age et des temps modernes, MÉDAILLES
HISTORIQUES, DÉCORATIONS et MÉDAILLES MILITAIRES
et POIDS MONÉTAIRES, formant la Collection.

De Monsieur Neelemans Lefebre,

banquier à Eeclo
et la seconde partie de la collection de feu

M. Menger,

graveur à la Monnaie royale à Utrecht.

Dans la Salle au premier de l'Hôtel KRASNAPOLSKY,
Warmoesstraat à Amsterdam, sous la direction de l'Expert
J. SCHULMAN à Amersfoort.

Le Catalogue avec gravures sera envoyé sur demande.

Vient de paraître, Catalogue n. XXXI.

Médailles de médecins et médailles ayant rapport aux maladies et à
la médecine, Pestilentia in Nummis et médailles de personnages célèbres.